자기주도적 학습전략 시리즈

7

공부의 달인이 되는

하자 스터디 플래너 100일

전도근 저

학지사

머리말

하자 스터디 플래너는 기존의 단순한 다이어리처럼 학습 일정을 적는 공간이 아니다. 하자 스터디 플래너의 진짜 역할은 공부나 시험 일정을 적는 것이 아니라 일정 사이에 있는 공백의 '시간'을 찾아내고 자신의 공부 습관을 정착시키는 데 있다.

학생들 중에는 이미 학습 계획을 해 본 적이 있음에도 불구하고 뚜렷한 효과를 보지 못한 경우가 많은데, 그것은 우리가 학습 계획을 대개 1년이나 며칠 단위로 세우기 때문이다. 즉, 학습을 근시안적으로 보았기 때문이다. 큰 성공을 꿈꾼다면 보다 넓은 안목을 가지고 자신의 미래를 설계하는, 장기적인 계획을 세우는 것이 바람직하다. 하자 스터디 플래너는 바로 이러한 목적으로 만들어졌다.

학교나 학원의 일정에 쫓기는 바쁜 생활 속에서도 어떻게 하면 학습을 위한 정확한 계획을 세우고 '시간'을 창출하는 학습 습관을 정착시킬 수 있을까를 고민하여 만든 것이 하자 스터디 플래너다. 하자 스터디 플래너는 학습 습관을 구축하고, 목표를 지향하는 자기주도적인 학습을 통해 개인의 학습 효과를 이끌어 내는 시스템으로서, 다른 학습 관리 프로그램과 같이 학습 관리와 시간 관리에 초점을 두고 있지만 확장된 개념을 통해 비전 설정, 시험 관리, 수행평가 관리, 지식 관리 등을 효과적으로 수행할 수 있도록 설계되어 있다.

학습 관리 성공에 가장 중요한 것은 바로 실천이다. 실천을 관리하기 위해서는 지속적으로 학습 목표 수행 정도를 평가하고 학습 습관을 진단하는 것이 필요하다. 하자 스터디 플래너는 먼저 학습 목표를 설정한 후 그에 따른 비전 선언문을 작성하고, 그에

따라 학습 계획을 세우도록 유도한다. 이를 위한 구체적인 실천 전략으로 연간 일정, 월간 일정, 주간 일정, 일일 일정을 작성하고 이를 실행한다. 그런 다음 피드백을 통해 스스로 취약하다고 생각하는 부분은 다음 계획을 세울 때 반영하여 실천하도록 함으로써 학습 습관을 정착시키는 데 큰 도움이 되고자 하였다.

따라서 앞으로 100일 동안 하자 스터디 플래너의 양식대로 기록을 해 나가다 보면 기본적으로 시간을 효율적으로 관리할 수 있게 되며, 좋은 학습 습관이 정착되어 어느 순간 자신도 모르게 공부의 달인이 되어 있을 것이다.

하자 스터디 플래너의 특징

1 하자 스터디 플래너는 전문적인 학습 관리 프로그램을 포함하고 있다.

2 하자 스터디 플래너는 연, 월, 주, 일의 학습 입력 양식을 통해 체계적인 학습 관리를 할 수 있다.

3 하자 스터디 플래너는 지속적인 학습 관리를 통해 자기주도적인 학습 습관을 정착할 수 있을 뿐만 아니라, 그로 인해 좋은 학습 효과를 가져와 눈에 띄는 성적 향상을 확인할 수 있다.

4 하자 스터디 플래너는 모든 학습 계획에 대하여 확인과 피드백 강화를 통해 실천력을 기른다.

5 하자 스터디 플래너의 날짜 표시는 직접 작성하도록 되어 있으므로 언제든지 자신이 원하는 날짜부터 사용할 수 있다.

차례

머리말 / 2

희망 선서문	8
실천 선서	9
잠재능력 찾기	10
우선순위 정하기	11
시간 사용 계획 세우기	12
연간 중요 일정	14
월간 학습 계획	16
주간 학습 계획	24
일일 학습 계획	40

공부 습관 점검 94

수업 시간표 95

시험 시간표 96

시험 대비 전략 98

시험 공부 계획 100

시험 후 반성 102

시험 성적 기록 104

수행평가 기록 106

내 인생에 변화를 주는 사람 108

공부의 달인이 되는

하자 스터디 플래너 100일

이름:

연락처:

학교:

나의 꿈:

희망 선서문

나는 ________가 될 거야

1 나는 남들보다 ________________ 능력이 뛰어나다.

2 나의 성격은 ________________이다.

3 나의 장래 꿈은 ________________이다.

4 나의 꿈을 실현하기 위해서 나는 ________________대학교 ________________학과에 진학할 것이다.

5 이 꿈을 이루기 위해서 지금까지 노력해 온 일은?

____

6 이 꿈을 이루기 위해서 앞으로 반드시 해야 할 일은?

____

7 나는 어른이 되면 ________________처럼 되고 싶다.

8 내가 그 사람을 닮고 싶은 이유는 ________________________ 때문이다.

9 나도 ________________처럼 멋진 사람이 될 수 있다!! (큰 소리로 세 번 읽기)

실천 선서

나의 꿈을 위해서 내가 해야 할 일

1 나의 올해 목표는?

-
-
-

2 내가 매일 해야 할 일은?

-
-
-

3 실천 선서문

- 나는 매일 나의 하루 계획을 하자 스터디 플래너에 적겠습니다.
- 나는 매일 나의 꿈이 ______________라는 사실을 기억하고 꿈의 실현을 위해서 최선을 다하겠습니다.
- 나는 나의 목표를 달성하기 위하여 매일 해야 할 일을 꼭 실천하겠습니다.
- 나는 자기 전에 내가 아침에 세운 목표를 얼마나 실천했는지 평가하고 못한 것은 내일 꼭 실천하겠습니다.
- 나는 하자 스터디 플래너가 목표에 도달하도록 도와줄 것을 믿습니다.

잠재능력 찾기

나는 무한한 능력을 가지고 있습니다
나는 마음먹은 대로 할 수 있습니다.

각 항목마다 다섯 가지씩 적으세요.

나의 장점

나의 단점

내가 가져야 할 것

내가 버려야 할 것

우선순위 정하기

각 항목마다 다섯 가지씩 적으세요.

내게 급하고 중요한 일

내게 급하지 않지만 중요한 일

내게 급하지만 중요하지 않은 일

내게 급하지도 않고 중요하지도 않은 일

시간 사용 계획 세우기

주말 · 방학 중
24
6
12
18

연간 중요 일정

년

월	내용	1	2	3	4	5	6	7	8	9	10	11	12	13

14	15	16	17	18	19	20	21	22	23	24	25	26	27	28	29	30	31

월간 학습 계획

월

구분		월		화		수	
1주							
2주							
3주							
4주							
5주							

목	금	토	일

월

구분	월	화	수
1주			
2주			
3주			
4주			
5주			

목	금	토	일

월

구분		월		화		수	
1주							
2주							
3주							
4주							
5주							

목	금	토	일

월

구분		월		화		수	
1주							
2주							
3주							
4주							
5주							

목	금	토	일

주간 학습 계획

월 주

주간 목표:

시간	____월	____화	____수	____목	____금	____토	____일	진행 결과
~08:00								
~09:00								
~10:00								
~11:00								
~12:00								
~13:00								
~14:00								
~15:00								
~16:00								
~17:00								
~18:00								
~19:00								
~20:00								
~21:00								
~22:00								

월 주

주간 목표:

시간	____월	____화	____수	____목	____금	____토	____일	진행 결과
~08:00								
~09:00								
~10:00								
~11:00								
~12:00								
~13:00								
~14:00								
~15:00								
~16:00								
~17:00								
~18:00								
~19:00								
~20:00								
~21:00								
~22:00								

월 주

주간 목표:

시간	___월	___화	___수	___목	___금	___토	___일	진행 결과
~08:00								
~09:00								
~10:00								
~11:00								
~12:00								
~13:00								
~14:00								
~15:00								
~16:00								
~17:00								
~18:00								
~19:00								
~20:00								
~21:00								
~22:00								

월 주

주간 목표:

시간	___월	___화	___수	___목	___금	___토	___일	진행 결과
~08:00								
~09:00								
~10:00								
~11:00								
~12:00								
~13:00								
~14:00								
~15:00								
~16:00								
~17:00								
~18:00								
~19:00								
~20:00								
~21:00								
~22:00								

월 주

주간 목표:

시간	____월	____화	____수	____목	____금	____토	____일	진행 결과
~08:00								
~09:00								
~10:00								
~11:00								
~12:00								
~13:00								
~14:00								
~15:00								
~16:00								
~17:00								
~18:00								
~19:00								
~20:00								
~21:00								
~22:00								

월 주

주간 목표:

시간	____월	____화	____수	____목	____금	____토	____일	진행 결과
~08:00								
~09:00								
~10:00								
~11:00								
~12:00								
~13:00								
~14:00								
~15:00								
~16:00								
~17:00								
~18:00								
~19:00								
~20:00								
~21:00								
~22:00								

월 주

주간 목표:

시간	___월	___화	___수	___목	___금	___토	___일	진행 결과
~08:00								
~09:00								
~10:00								
~11:00								
~12:00								
~13:00								
~14:00								
~15:00								
~16:00								
~17:00								
~18:00								
~19:00								
~20:00								
~21:00								
~22:00								

월 주

주간 목표:

시간	___월	___화	___수	___목	___금	___토	___일	진행 결과
~08:00								
~09:00								
~10:00								
~11:00								
~12:00								
~13:00								
~14:00								
~15:00								
~16:00								
~17:00								
~18:00								
~19:00								
~20:00								
~21:00								
~22:00								

월 주

주간 목표:

시간	____월	____화	____수	____목	____금	____토	____일	진행 결과
~08:00								
~09:00								
~10:00								
~11:00								
~12:00								
~13:00								
~14:00								
~15:00								
~16:00								
~17:00								
~18:00								
~19:00								
~20:00								
~21:00								
~22:00								

월 주

주간 목표:

시간	___월	___화	___수	___목	___금	___토	___일	진행 결과
~08:00								
~09:00								
~10:00								
~11:00								
~12:00								
~13:00								
~14:00								
~15:00								
~16:00								
~17:00								
~18:00								
~19:00								
~20:00								
~21:00								
~22:00								

월 주

주간 목표:

시간	____월	____화	____수	____목	____금	____토	____일	진행 결과
~08:00								
~09:00								
~10:00								
~11:00								
~12:00								
~13:00								
~14:00								
~15:00								
~16:00								
~17:00								
~18:00								
~19:00								
~20:00								
~21:00								
~22:00								

월 주

주간 목표:

시간	____월	____화	____수	____목	____금	____토	____일	진행 결과
~08:00								
~09:00								
~10:00								
~11:00								
~12:00								
~13:00								
~14:00								
~15:00								
~16:00								
~17:00								
~18:00								
~19:00								
~20:00								
~21:00								
~22:00								

월 주

주간 목표:

시간	____월	____화	____수	____목	____금	____토	____일	진행 결과
~08:00								
~09:00								
~10:00								
~11:00								
~12:00								
~13:00								
~14:00								
~15:00								
~16:00								
~17:00								
~18:00								
~19:00								
~20:00								
~21:00								
~22:00								

월 주

주간 목표:

시간	____월	____화	____수	____목	____금	____토	____일	진행 결과
~08:00								
~09:00								
~10:00								
~11:00								
~12:00								
~13:00								
~14:00								
~15:00								
~16:00								
~17:00								
~18:00								
~19:00								
~20:00								
~21:00								
~22:00								

월 주

주간 목표:

시간	___월	___화	___수	___목	___금	___토	___일	진행 결과
~08:00								
~09:00								
~10:00								
~11:00								
~12:00								
~13:00								
~14:00								
~15:00								
~16:00								
~17:00								
~18:00								
~19:00								
~20:00								
~21:00								
~22:00								

월 주

주간 목표:

시간	____월	____화	____수	____목	____금	____토	____일	진행 결과
~08:00								
~09:00								
~10:00								
~11:00								
~12:00								
~13:00								
~14:00								
~15:00								
~16:00								
~17:00								
~18:00								
~19:00								
~20:00								
~21:00								
~22:00								

일일 학습 계획

완료 V 포기 X 연기 → 축소 ▽

월 일 월요일			월 일 화요일		
상태	좋음 보통 나쁨		상태	좋음 보통 나쁨	
날씨	맑음 흐림 비 눈		날씨	맑음 흐림 비 눈	
시간	공부한 내용	결과	시간	공부한 내용	결과
오늘의 반성			오늘의 반성		

완료 V 포기 X 연기 → 축소 ▽

월 일 수요일		
상태	좋음 보통 나쁨	
날씨	맑음 흐림 비 눈	
시간	공부한 내용	결과
오늘의 반성		

월 일 목요일		
상태	좋음 보통 나쁨	
날씨	맑음 흐림 비 눈	
시간	공부한 내용	결과
오늘의 반성		

완료 V 포기 X 연기 → 축소 ▽

월 일 금요일		
상태	좋음 보통 나쁨	
날씨	맑음 흐림 비 눈	
시간	공부한 내용	결과
오늘의 반성		

월 일 토요일		
상태	좋음 보통 나쁨	
날씨	맑음 흐림 비 눈	
시간	공부한 내용	결과
오늘의 반성		

월 일 일요일		
상태	좋음 보통 나쁨	
날씨	맑음 흐림 비 눈	
시간	공부한 내용	결과
오늘의 반성		

완료 V 포기 X 연기 → 축소 ▽

월 일 월요일			월 일 화요일		
상태	좋음 보통 나쁨		상태	좋음 보통 나쁨	
날씨	맑음 흐림 비 눈		날씨	맑음 흐림 비 눈	
시간	공부한 내용	결과	시간	공부한 내용	결과
오늘의 반성			오늘의 반성		

완료 V 포기 X 연기 → 축소 ▽

월 일 수요일			월 일 목요일		
상태	좋음 보통 나쁨		상태	좋음 보통 나쁨	
날씨	맑음 흐림 비 눈		날씨	맑음 흐림 비 눈	
시간	공부한 내용	결과	시간	공부한 내용	결과
오늘의 반성			오늘의 반성		

완료 V 포기 X 연기 → 축소 ▽

월 일 금요일

상태	좋음 보통 나쁨	
날씨	맑음 흐림 비 눈	
시간	공부한 내용	결과
오늘의 반성		

월 일 토요일

상태	좋음 보통 나쁨	
날씨	맑음 흐림 비 눈	
시간	공부한 내용	결과
오늘의 반성		

월 일 일요일

상태	좋음 보통 나쁨	
날씨	맑음 흐림 비 눈	
시간	공부한 내용	결과
오늘의 반성		

완료 V 포기 X 연기 → 축소 ▽

월 일 월요일		
상태	좋음 보통 나쁨	
날씨	맑음 흐림 비 눈	
시간	공부한 내용	결과
오늘의 반성		

월 일 화요일		
상태	좋음 보통 나쁨	
날씨	맑음 흐림 비 눈	
시간	공부한 내용	결과
오늘의 반성		

완료 V 포기 X 연기 → 축소 ▽

월 일 수요일			월 일 목요일		
상태	좋음 보통 나쁨		상태	좋음 보통 나쁨	
날씨	맑음 흐림 비 눈		날씨	맑음 흐림 비 눈	
시간	공부한 내용	결과	시간	공부한 내용	결과
오늘의 반성			오늘의 반성		

완료 V 포기 X 연기 → 축소 ▽

월 일 금요일

상태	좋음 보통 나쁨	
날씨	맑음 흐림 비 눈	
시간	공부한 내용	결과
오늘의 반성		

월 일 토요일

상태	좋음 보통 나쁨	
날씨	맑음 흐림 비 눈	
시간	공부한 내용	결과
오늘의 반성		

월 일 일요일

상태	좋음 보통 나쁨	
날씨	맑음 흐림 비 눈	
시간	공부한 내용	결과
오늘의 반성		

완료 ∨ 포기 × 연기 → 축소 ▽

월 일 월요일		
상태	좋음 보통 나쁨	
날씨	맑음 흐림 비 눈	
시간	공부한 내용	결과
오늘의 반성		

월 일 화요일		
상태	좋음 보통 나쁨	
날씨	맑음 흐림 비 눈	
시간	공부한 내용	결과
오늘의 반성		

완료 V　포기 X　연기 →　축소 ▽

월 일 수요일			월 일 목요일		
상태	좋음 보통 나쁨		상태	좋음 보통 나쁨	
날씨	맑음 흐림 비 눈		날씨	맑음 흐림 비 눈	
시간	공부한 내용	결과	시간	공부한 내용	결과
오늘의 반성			오늘의 반성		

완료 V 포기 X 연기 → 축소 ▽

월 일 금요일

상태	좋음 보통 나쁨	
날씨	맑음 흐림 비 눈	
시간	공부한 내용	결과
오늘의 반성		

월 일 토요일

상태	좋음 보통 나쁨	
날씨	맑음 흐림 비 눈	
시간	공부한 내용	결과
오늘의 반성		

월 일 일요일

상태	좋음 보통 나쁨	
날씨	맑음 흐림 비 눈	
시간	공부한 내용	결과
오늘의 반성		

완료 V　포기 X　연기 →　축소 ▽

월 일 월요일			월 일 화요일		
상태	좋음 보통 나쁨		상태	좋음 보통 나쁨	
날씨	맑음 흐림 비 눈		날씨	맑음 흐림 비 눈	
시간	공부한 내용	결과	시간	공부한 내용	결과
오늘의 반성			오늘의 반성		

완료 V 포기 X 연기 → 축소 ▽

월 일 수요일			월 일 목요일		
상태	좋음 보통 나쁨		상태	좋음 보통 나쁨	
날씨	맑음 흐림 비 눈		날씨	맑음 흐림 비 눈	
시간	공부한 내용	결과	시간	공부한 내용	결과
오늘의 반성			오늘의 반성		

완료 V 포기 X 연기 → 축소 ▽

월 일 금요일

상태	좋음 보통 나쁨	
날씨	맑음 흐림 비 눈	
시간	공부한 내용	결과
오늘의 반성		

월 일 토요일

상태	좋음 보통 나쁨	
날씨	맑음 흐림 비 눈	
시간	공부한 내용	결과
오늘의 반성		

월 일 일요일

상태	좋음 보통 나쁨	
날씨	맑음 흐림 비 눈	
시간	공부한 내용	결과
오늘의 반성		

완료 V 포기 X 연기 → 축소 ▽

월 일 월요일		
상태	좋음 보통 나쁨	
날씨	맑음 흐림 비 눈	
시간	공부한 내용	결과
오늘의 반성		

월 일 화요일		
상태	좋음 보통 나쁨	
날씨	맑음 흐림 비 눈	
시간	공부한 내용	결과
오늘의 반성		

완료 V 포기 X 연기 → 축소 ▽

월 일 수요일			월 일 목요일		
상태	좋음 보통 나쁨		상태	좋음 보통 나쁨	
날씨	맑음 흐림 비 눈		날씨	맑음 흐림 비 눈	
시간	공부한 내용	결과	시간	공부한 내용	결과
오늘의 반성			오늘의 반성		

완료 V 포기 X 연기 → 축소 ▽

월 일 금요일

상태	좋음 보통 나쁨	
날씨	맑음 흐림 비 눈	
시간	공부한 내용	결과
오늘의 반성		

월 일 토요일

상태	좋음 보통 나쁨	
날씨	맑음 흐림 비 눈	
시간	공부한 내용	결과
오늘의 반성		

월 일 일요일

상태	좋음 보통 나쁨	
날씨	맑음 흐림 비 눈	
시간	공부한 내용	결과
오늘의 반성		

완료 V　포기 X　연기 →　축소 ▽

월 일 월요일		
상태	좋음 보통 나쁨	
날씨	맑음 흐림 비 눈	
시간	공부한 내용	결과
오늘의 반성		

월 일 화요일		
상태	좋음 보통 나쁨	
날씨	맑음 흐림 비 눈	
시간	공부한 내용	결과
오늘의 반성		

완료 V 포기 X 연기 → 축소 ▽

월 일 수요일		
상태	좋음 보통 나쁨	
날씨	맑음 흐림 비 눈	
시간	공부한 내용	결과
오늘의 반성		

월 일 목요일		
상태	좋음 보통 나쁨	
날씨	맑음 흐림 비 눈	
시간	공부한 내용	결과
오늘의 반성		

완료 V 포기 X 연기 → 축소 ▽

월 일 금요일

상태	좋음 보통 나쁨	
날씨	맑음 흐림 비 눈	
시간	공부한 내용	결과
오늘의 반성		

월 일 토요일

상태	좋음 보통 나쁨	
날씨	맑음 흐림 비 눈	
시간	공부한 내용	결과
오늘의 반성		

월 일 일요일

상태	좋음 보통 나쁨	
날씨	맑음 흐림 비 눈	
시간	공부한 내용	결과
오늘의 반성		

완료 ∨ 포기 × 연기 → 축소 ▽

월 일 월요일			월 일 화요일		
상태	좋음 보통 나쁨		상태	좋음 보통 나쁨	
날씨	맑음 흐림 비 눈		날씨	맑음 흐림 비 눈	
시간	공부한 내용	결과	시간	공부한 내용	결과
오늘의 반성			오늘의 반성		

완료 ∨ 포기 × 연기 → 축소 ▽

월 일 수요일		
상태	좋음 보통 나쁨	
날씨	맑음 흐림 비 눈	
시간	공부한 내용	결과
오늘의 반성		

월 일 목요일		
상태	좋음 보통 나쁨	
날씨	맑음 흐림 비 눈	
시간	공부한 내용	결과
오늘의 반성		

완료 V 포기 X 연기 → 축소 ▽

월 일 금요일		
상태	좋음 보통 나쁨	
날씨	맑음 흐림 비 눈	
시간	공부한 내용	결과
오늘의 반성		

월 일 토요일		
상태	좋음 보통 나쁨	
날씨	맑음 흐림 비 눈	
시간	공부한 내용	결과
오늘의 반성		

월 일 일요일		
상태	좋음 보통 나쁨	
날씨	맑음 흐림 비 눈	
시간	공부한 내용	결과
오늘의 반성		

완료 V 포기 X 연기 → 축소 ▽

월 일 월요일			월 일 화요일		
상태	좋음 보통 나쁨		상태	좋음 보통 나쁨	
날씨	맑음 흐림 비 눈		날씨	맑음 흐림 비 눈	
시간	공부한 내용	결과	시간	공부한 내용	결과
오늘의 반성			오늘의 반성		

완료 V 포기 X 연기 → 축소 ▽

월 일 수요일		
상태	좋음 보통 나쁨	
날씨	맑음 흐림 비 눈	
시간	공부한 내용	결과
오늘의 반성		

월 일 목요일		
상태	좋음 보통 나쁨	
날씨	맑음 흐림 비 눈	
시간	공부한 내용	결과
오늘의 반성		

완료 ∨ 포기 × 연기 → 축소 ▽

월 일 금요일		
상태	좋음 보통 나쁨	
날씨	맑음 흐림 비 눈	
시간	공부한 내용	결과
오늘의 반성		

월 일 토요일		
상태	좋음 보통 나쁨	
날씨	맑음 흐림 비 눈	
시간	공부한 내용	결과
오늘의 반성		

월 일 일요일		
상태	좋음 보통 나쁨	
날씨	맑음 흐림 비 눈	
시간	공부한 내용	결과
오늘의 반성		

완료 V　포기 X　연기 →　축소 ▽

월 일 월요일		
상태	좋음 보통 나쁨	
날씨	맑음 흐림 비 눈	
시간	공부한 내용	결과
오늘의 반성		

월 일 화요일		
상태	좋음 보통 나쁨	
날씨	맑음 흐림 비 눈	
시간	공부한 내용	결과
오늘의 반성		

완료 V 포기 X 연기 → 취소 ▽

월 일 수요일			월 일 목요일		
상태	좋음 보통 나쁨		상태	좋음 보통 나쁨	
날씨	맑음 흐림 비 눈		날씨	맑음 흐림 비 눈	
시간	공부한 내용	결과	시간	공부한 내용	결과
오늘의 반성			오늘의 반성		

완료 V 포기 X 연기 → 축소 ▽

월 일 금요일		
상태	좋음 보통 나쁨	
날씨	맑음 흐림 비 눈	
시간	공부한 내용	결과
오늘의 반성		

월 일 토요일		
상태	좋음 보통 나쁨	
날씨	맑음 흐림 비 눈	
시간	공부한 내용	결과
오늘의 반성		

월 일 일요일		
상태	좋음 보통 나쁨	
날씨	맑음 흐림 비 눈	
시간	공부한 내용	결과
오늘의 반성		

완료 V　포기 X　연기 →　축소 ▽

월 일 월요일			월 일 화요일		
상태	좋음 보통 나쁨		상태	좋음 보통 나쁨	
날씨	맑음 흐림 비 눈		날씨	맑음 흐림 비 눈	
시간	공부한 내용	결과	시간	공부한 내용	결과
오늘의 반성			오늘의 반성		

완료 V 포기 X 연기 → 축소 ▽

월 일 수요일

상태	좋음 보통 나쁨	
날씨	맑음 흐림 비 눈	
시간	공부한 내용	결과
오늘의 반성		

월 일 목요일

상태	좋음 보통 나쁨	
날씨	맑음 흐림 비 눈	
시간	공부한 내용	결과
오늘의 반성		

완료 V 포기 X 연기 → 축소 ▽

월 일 금요일

상태	좋음 보통 나쁨	
날씨	맑음 흐림 비 눈	
시간	공부한 내용	결과
오늘의 반성		

월 일 토요일

상태	좋음 보통 나쁨	
날씨	맑음 흐림 비 눈	
시간	공부한 내용	결과
오늘의 반성		

월 일 일요일

상태	좋음 보통 나쁨	
날씨	맑음 흐림 비 눈	
시간	공부한 내용	결과
오늘의 반성		

완료 V 포기 X 연기 → 축소 ▽

월 일 월요일		
상태	좋음 보통 나쁨	
날씨	맑음 흐림 비 눈	
시간	공부한 내용	결과
오늘의 반성		

월 일 화요일		
상태	좋음 보통 나쁨	
날씨	맑음 흐림 비 눈	
시간	공부한 내용	결과
오늘의 반성		

완료 ∨ 포기 ✕ 연기 → 축소 ▽

월 일 수요일		
상태	좋음 보통 나쁨	
날씨	맑음 흐림 비 눈	
시간	공부한 내용	결과
오늘의 반성		

월 일 목요일		
상태	좋음 보통 나쁨	
날씨	맑음 흐림 비 눈	
시간	공부한 내용	결과
오늘의 반성		

완료 ∨ 포기 × 연기 → 축소 ▽

월 일 금요일

상태	좋음 보통 나쁨	
날씨	맑음 흐림 비 눈	
시간	공부한 내용	결과
오늘의 반성		

월 일 토요일

상태	좋음 보통 나쁨	
날씨	맑음 흐림 비 눈	
시간	공부한 내용	결과
오늘의 반성		

월 일 일요일

상태	좋음 보통 나쁨	
날씨	맑음 흐림 비 눈	
시간	공부한 내용	결과
오늘의 반성		

완료 V 포기 X 연기 → 축소 ▽

월 일 월요일		
상태	좋음 보통 나쁨	
날씨	맑음 흐림 비 눈	
시간	공부한 내용	결과
오늘의 반성		

월 일 화요일		
상태	좋음 보통 나쁨	
날씨	맑음 흐림 비 눈	
시간	공부한 내용	결과
오늘의 반성		

완료 V 포기 X 연기 → 축소 ▽

월 일 수요일		
상태	좋음 보통 나쁨	
날씨	맑음 흐림 비 눈	
시간	공부한 내용	결과
오늘의 반성		

월 일 목요일		
상태	좋음 보통 나쁨	
날씨	맑음 흐림 비 눈	
시간	공부한 내용	결과
오늘의 반성		

완료 V 포기 X 연기 → 축소 ▽

월 일 금요일		
상태	좋음 보통 나쁨	
날씨	맑음 흐림 비 눈	
시간	공부한 내용	결과
오늘의 반성		

월 일 토요일		
상태	좋음 보통 나쁨	
날씨	맑음 흐림 비 눈	
시간	공부한 내용	결과
오늘의 반성		

월 일 일요일		
상태	좋음 보통 나쁨	
날씨	맑음 흐림 비 눈	
시간	공부한 내용	결과
오늘의 반성		

완료 V 포기 X 연기 → 축소 ▽

월 일 월요일		
상태	좋음 보통 나쁨	
날씨	맑음 흐림 비 눈	
시간	공부한 내용	결과
오늘의 반성		

월 일 화요일		
상태	좋음 보통 나쁨	
날씨	맑음 흐림 비 눈	
시간	공부한 내용	결과
오늘의 반성		

완료 ∨ 포기 ✕ 연기 → 축소 ▽

월 일 수요일			월 일 목요일		
상태	좋음 보통 나쁨		상태	좋음 보통 나쁨	
날씨	맑음 흐림 비 눈		날씨	맑음 흐림 비 눈	
시간	공부한 내용	결과	시간	공부한 내용	결과
오늘의 반성			오늘의 반성		

완료 V 포기 X 연기 → 축소 ▽

월 일 금요일

상태	좋음 보통 나쁨	
날씨	맑음 흐림 비 눈	
시간	공부한 내용	결과
오늘의 반성		

월 일 토요일

상태	좋음 보통 나쁨	
날씨	맑음 흐림 비 눈	
시간	공부한 내용	결과
오늘의 반성		

월 일 일요일

상태	좋음 보통 나쁨	
날씨	맑음 흐림 비 눈	
시간	공부한 내용	결과
오늘의 반성		

완료 V 포기 X 연기 → 축소 ▽

월 일 월요일			월 일 화요일		
상태	좋음 보통 나쁨		상태	좋음 보통 나쁨	
날씨	맑음 흐림 비 눈		날씨	맑음 흐림 비 눈	
시간	공부한 내용	결과	시간	공부한 내용	결과
오늘의 반성			오늘의 반성		

완료 V 포기 X 연기 → 축소 ▽

월 일 수요일		
상태	좋음 보통 나쁨	
날씨	맑음 흐림 비 눈	
시간	공부한 내용	결과
오늘의 반성		

월 일 목요일		
상태	좋음 보통 나쁨	
날씨	맑음 흐림 비 눈	
시간	공부한 내용	결과
오늘의 반성		

완료 V 포기 X 연기 → 축소 ▽

월 일 금요일		
상태	좋음 보통 나쁨	
날씨	맑음 흐림 비 눈	
시간	공부한 내용	결과
오늘의 반성		

월 일 토요일		
상태	좋음 보통 나쁨	
날씨	맑음 흐림 비 눈	
시간	공부한 내용	결과
오늘의 반성		

월 일 일요일		
상태	좋음 보통 나쁨	
날씨	맑음 흐림 비 눈	
시간	공부한 내용	결과
오늘의 반성		

완료 V 포기 X 연기 → 축소 ▽

월 일 월요일		
상태	좋음 보통 나쁨	
날씨	맑음 흐림 비 눈	
시간	공부한 내용	결과
오늘의 반성		

월 일 화요일		
상태	좋음 보통 나쁨	
날씨	맑음 흐림 비 눈	
시간	공부한 내용	결과
오늘의 반성		

완료 V　포기 X　연기 →　축소 ▽

월 일 수요일			월 일 목요일		
상태	좋음 보통 나쁨		상태	좋음 보통 나쁨	
날씨	맑음 흐림 비 눈		날씨	맑음 흐림 비 눈	
시간	공부한 내용	결과	시간	공부한 내용	결과
오늘의 반성			오늘의 반성		

완료 V 포기 X 연기 → 축소 ▽

월 일 금요일		
상태	좋음 보통 나쁨	
날씨	맑음 흐림 비 눈	
시간	공부한 내용	결과
오늘의 반성		

월 일 토요일		
상태	좋음 보통 나쁨	
날씨	맑음 흐림 비 눈	
시간	공부한 내용	결과
오늘의 반성		

월 일 일요일		
상태	좋음 보통 나쁨	
날씨	맑음 흐림 비 눈	
시간	공부한 내용	결과
오늘의 반성		

완료 V 포기 X 연기 → 축소 ▽

월 일 월요일			월 일 화요일		
상태	좋음 보통 나쁨		상태	좋음 보통 나쁨	
날씨	맑음 흐림 비 눈		날씨	맑음 흐림 비 눈	
시간	공부한 내용	결과	시간	공부한 내용	결과
오늘의 반성			오늘의 반성		

완료 V 포기 X 연기 → 축소 ▽

월 일 수요일		
상태	좋음 보통 나쁨	
날씨	맑음 흐림 비 눈	
시간	공부한 내용	결과
오늘의 반성		

월 일 목요일		
상태	좋음 보통 나쁨	
날씨	맑음 흐림 비 눈	
시간	공부한 내용	결과
오늘의 반성		

완료 V 포기 X 연기 → 축소 ▽

월 일 금요일		
상태	좋음 보통 나쁨	
날씨	맑음 흐림 비 눈	
시간	공부한 내용	결과
오늘의 반성		

월 일 토요일		
상태	좋음 보통 나쁨	
날씨	맑음 흐림 비 눈	
시간	공부한 내용	결과
오늘의 반성		

월 일 일요일		
상태	좋음 보통 나쁨	
날씨	맑음 흐림 비 눈	
시간	공부한 내용	결과
오늘의 반성		

완료 V　포기 X　연기 →　축소 ▽

○월 ○일 월요일			○월 ○일 화요일		
상태	좋음 보통 나쁨		상태	좋음 보통 나쁨	
날씨	맑음 흐림 비 눈		날씨	맑음 흐림 비 눈	
시간	공부한 내용	결과	시간	공부한 내용	결과
오늘의 반성			오늘의 반성		

완료 V 포기 X 연기 → 축소 ▽

월 일 수요일		
상태	좋음 보통 나쁨	
날씨	맑음 흐림 비 눈	
시간	공부한 내용	결과
오늘의 반성		

월 일 목요일		
상태	좋음 보통 나쁨	
날씨	맑음 흐림 비 눈	
시간	공부한 내용	결과
오늘의 반성		

완료 V 포기 X 연기 → 축소 ▽

월 일 금요일

상태	좋음 보통 나쁨	
날씨	맑음 흐림 비 눈	
시간	공부한 내용	결과
오늘의 반성		

월 일 토요일

상태	좋음 보통 나쁨	
날씨	맑음 흐림 비 눈	
시간	공부한 내용	결과
오늘의 반성		

월 일 일요일

상태	좋음 보통 나쁨	
날씨	맑음 흐림 비 눈	
시간	공부한 내용	결과
오늘의 반성		

공부 습관 점검

- 공부하기 전 충분한 시간을 두고 계획했나요? ____
- 공부 수행 시 우선순위를 정했나요? ____
- 월간, 주간, 일일 목표를 세우고 달성했나요? ____
- 각 공부의 마감시간을 지켰나요? ____
- 공부 방해 요인을 줄였나요? ____
- 공부 시작 전에 필요한 모든 것을 준비했나요? ____
- 매일 정해진 시간에 일어났나요? ____
- 매일 예습과 복습을 했나요? ____
- 연초에 세운 목표를 계속 확인했나요? ____
- 앞으로도 공부 습관을 유지할 수 있겠나요? ____

체크한 개수: ____개

1~5개: 성공을 위한 노력이 필요합니다.

6~9개: 조금만 더 노력하면 성공 가능성이 훨씬 높아질 것입니다.

10개 이상: 공부 습관을 잘 실천하고 있습니다.

수업 시간표

학교 수업 시간표

1학기							2학기						
교시	월	화	수	목	금	토	교시	월	화	수	목	금	토
1							1						
2							2						
3							3						
4							4						
5							5						
6							6						
7							7						
8							8						
9							9						

학원 수업 시간표

1학기							2학기						
교시	월	화	수	목	금	토	교시	월	화	수	목	금	토
1							1						
2							2						
3							3						
4							4						
5							5						

시험 시간표

고사

날짜 / 교시						
1						
2						
3						
4						

고사

날짜 / 교시						
1						
2						
3						
4						

시험 대비 전략

고사

과목	목표 점수	참고 서적	시험 범위	1주	2주	3주	특기사항

고사

과목	목표 점수	참고 서적	시험 범위	1주	2주	3주	특기사항

시험 공부 계획

　　　　　　고사

과목	전 점수	목표 점수	시험 범위	참고 서적	특징

공부 계획	D-20		D-10	
	D-19		D-9	
	D-18		D-8	
	D-17		D-7	
	D-16		D-6	
	D-15		D-5	
	D-14		D-4	
	D-13		D-3	
	D-12		D-2	
	D-11		D-1	
기타				

고사

과목	전 점수	목표 점수	시험 범위	참고 서적	특징

공부 계획				
	D-20		D-10	
	D-19		D-9	
	D-18		D-8	
	D-17		D-7	
	D-16		D-6	
	D-15		D-5	
	D-14		D-4	
	D-13		D-3	
	D-12		D-2	
	D-11		D-1	
기타				

시험 후 반성

고사

과목	목표 점수	실제 점수	틀린 문제 수	이유	특기사항

고사

과목	목표 점수	실제 점수	틀린 문제 수	이유	특기사항

시험 성적 기록

과목	시험	시험	시험	시험	시험	시험	특징

과목	시험	시험	시험	시험	시험	시험	특징

수행평가 기록

날짜	과목	평가 내용	마감일	목표 점수	수행 방법

날짜	과목	평가 내용	마감일	목표 점수	수행 방법

내 인생에 변화를 주는 사람

이름	
관계	
전화번호	
이메일	
주소	
특징	

이름	
관계	
전화번호	
이메일	
주소	
특징	

이름	
관계	
전화번호	
이메일	
주소	
특징	

이름	
관계	
전화번호	
이메일	
주소	
특징	

이름	
관계	
전화번호	
이메일	
주소	
특징	

이름	
관계	
전화번호	
이메일	
주소	
특징	

이름	
관계	
전화번호	
이메일	
주소	
특징	

이름	
관계	
전화번호	
이메일	
주소	
특징	

이름	
관계	
전화번호	
이메일	
주소	
특징	

이름	
관계	
전화번호	
이메일	
주소	
특징	

이름	
관계	
전화번호	
이메일	
주소	
특징	

이름	
관계	
전화번호	
이메일	
주소	
특징	

이름	
관계	
전화번호	
이메일	
주소	
특징	

이름	
관계	
전화번호	
이메일	
주소	
특징	

이름	
관계	
전화번호	
이메일	
주소	
특징	

이름	
관계	
전화번호	
이메일	
주소	
특징	

저자소개

전도근(bangkok3@naver.com)

공주대학교 일반사회교육과를 졸업하고 경희대학교 교육대학원에서 교육공학을 공부하였으며, 홍익대학교에서 평생교육정책으로 박사학위를 받았다. 의정부고등학교와 의정부여자고등학교, 화수고등학교에서 16년간 교사로 학생들을 지도하였고, 강남대학교에서 5년간 강의하였다. 지금까지 교육, 컴퓨터, 요리, 자동차, 서비스 등과 관련된 50여 개의 자격증을 취득하였으며, 각 대학교, 지방자치단체, 교육청, 평생교육원, 국가전문행정연수원 및 각종 기업체 연수원 등에서 2,000여 회 이상 특강을 하였다. 제1회 평생학습대상 특별상을 수상하였고, SBS 〈순간 포착 세상에 이런 일이〉, KBS 〈한국 톱텐〉에 소개된 바 있다. 『엄마는 나의 코치』 『공부하는 부모가 공부 잘하는 자녀를 만든다』 『생산적 코칭』 『명강사를 위한 명강의 전략』 『자기주도적 공부 습관을 길러 주는 학습코칭』 등을 비롯한 70여 권의 책을 집필하였다.

한국자기주도학습코치협회(http://cafe.naver.com/forcev5.cafe)

자기주도적 학습전략 시리즈

7 공부의 달인이 되는 하자 스터디 플래너 100일

2010년 4월 12일 1판 1쇄 발행
2016년 1월 20일 1판 4쇄 발행

지은이 • 전 도 근
펴낸이 • 김 진 환
펴낸곳 • (주) 학지사
04031 서울특별시 마포구 양화로 15길 20 마인드월드빌딩 5층
대표전화 • 02) 330-5114 팩스 • 02) 324-2345
등록번호 • 제313-2006-000265호

홈페이지 • http://www.hakjisa.co.kr
페이스북 • https://www.facebook.com/hakjisa

ISBN 978-89-6330-334-5 04370
978-89-6330-321-5 (set)

정가 **6,000**원

저자와의 협약으로 인지는 생략합니다.
파본은 구입처에서 교환하여 드립니다.